EXTRAIT DES REGISTRES
du Conseil d'Estat.

SVR la Requeste presentée au Roy en son Conseil par les Peintres & Sculpteurs qui composent l'Academie Royale de Peinture & Sculpture ; contenant, que depuis l'année 1648. qu'il a plû à sa Majesté d'establir & autoriser ladite Academie, afin d'y assembler en vn corps tous les habiles hommes de cette profession, & d'y entretenir vne emulation parmy eux qui les excite à se rendre capables de plus en plus, non seulement pour contribuer à la decoration des Maisons Royales, & autres grands Edifices ; mais sur toutes choses d'instruire la jeunesse dans l'estude desdits Arts, quoy que sa Majesté ait assez fait connoistre combien l'establissement de cette Academie luy estoit agreable, par les graces & les priuileges qu'elle y a joint dés le commencement, & qu'elle a depuis augmentez en luy ordonnant vn logement pour y faire ses exercices, & mille liures de pension pour son entretien ; que mesme elle ait fait retrancher de l'estat de ses Bastimens grand nombre de ceux qui y estoient employez, pour n'y en reseruer que quelques-vns qui ont l'honneur d'estre de ladite Academie, & que pour tesmoigner dauantage l'estime que sa Majesté a tousjours fait de ces Arts, & de ceux qui y excellent, elle ait eu la bonté d'en honorer quelqu'vn du titre de Noblesse, & des priuileges qui y sont annexez : Ce-

A

pendant diuerſes perſonnes, deſquels le merite pourroit les y faire receuoir, s'en tiennent ſeparez, ou
pour s'exempter de la peine des exercices publics que
les Recteurs & Profeſſeurs de ladite Academie ſont
obligez de faire, ou pour quelqu'autre conſideration
d'intereſt particulier, au grand prejudice de la jeuneſ-
ſe, qui ſe trouue fruſtrée du fruit qu'elle pourroit receuoir de leurs inſtructions: A quoy eſtant neceſſaire
d'y pouruoir, REQVEROIENT qu'il pleuſt à ſa Majeſté ordonner que tous ceux qui ſe diſent Peintres &
Sculpteurs du Roy ſeront tenus de s'vnir inceſſam-
ment au Corps de ladite Academie, faiſant defenſes
à tous autres, qu'à ceux qui ſont de ladite Academie,
de prendre ladite qualité de Peintre ou Sculpteur de
ſa Majeſté; & qu'à cette fin toutes Lettres & Breuets
qui pourroient auoir eſté cy-deuant donnez pour raiſon de ce, demeureront ſupprimez, donnant permiſſion aux Maiſtres Iurez deſdits Arts de continuër leurs
pourſuites contre ceux qui ne ſeroient point du Corps
de ladite Academie, ſans aucune exception. Tout
conſideré, & oüy le rapport du Sieur Colbert, Conſeiller au Conſeil Royal, Intendant des Finances, LE
ROY EN SON CONSEIL a ordonné & ordonne que
tous ceux qui ſe qualifieront Peintres & Sculpteurs de
ſa Majeſté, ſeront tenus de s'vnir & incorporer inceſ-
ſamment au Corps de ladite Academie Royale, faiſant ſa Majeſté defenſes à tous les Peintres & Sculpteurs, qui ne ſont de ladite Academie Royale, de
prendre ladite qualité de Peintres & Sculpteurs de ſa
Majeſté, contre leſquels elle permet aux Maiſtres

Iurez defdits Arts de continuër leurs pourfuites; Reuoquant à cét effet toutes Lettres & Breuets qui pourroient auoir efté donnez cy-deuant pour raifon de ce. Fait au Confeil d'Eftat du Roy, tenu à Paris le 8. jour de Feurier 1663. Signé par collation, BOSSVET.

L OVIS par la grace de Dieu Roy de France & de Nauarre: Au premier de. Huiffiers de noftre Confeil, ou autre Huiffier ou Sergeant fur ce requis, Nous te mandons & commandons que l'Arreft dont l'extrait eft cy-attaché fous le contre-feel de noftre Chancellerie, ce jourd'buy donné en noftre Confeil d'Eftat, fur la Requefte à Nous prefentée par les Peintres & Sculpteurs qui compofent l'Academie Royale de Peinture & Sculpture; Tu fignifies à tous les Peintres & Sculpteurs qui ne font de ladite Academie, & à tous autres qu'il appartiendra, à ce qu'ils n'en pretendent caufe d'ignorance; & faits pour l'entiere execution dudit Arreft tous commandemens, fommations, defenfes fur les peines y contenuës, & autres actes & exploits neceffaires fans autre permiffion, nonobftant toutes Lettres & Breuets qui pourroient auoir efté cy-deuant donnez pour raifon de ce, lefquels nous auons reuoquez: Car tel eft noftre plaifir. Donné à Paris le huictiefme jour de Feurier, l'an de grace 1663. Et de noftre Regne le vingtiefme.

Signé, Par le Roy en fon Confeil, BOSSVET. Et feellé du grand Sceau de cire janne.

Collationné aux Originaux par moy Confeiller Secretaire du Roy, Maifon & Couronne de France, & de fes Finances
CHARTIER.

ESTABLISSEMENT
DE
L'ACADEMIE
ROYALE
DE PEINTVRE
ET DE SCVLPTVRE·

Par Lettres Patentes du Roy verifiées en Parlement.

A PARIS,

Chez PIERRE LE PETIT, Imprimeur & Libraire
ordinaire du Roy, ruë S. Iacques, à la Croix d'Or.

M. DC. LXIV.
AVEC PRIVILEGE DV ROY.

LE TRIOMPHE DES MVSES
en faveur de la Peinture & de la Sculpture.

SONNET.

Filles de Iupiter qui regnez sur Parnasse,
Vous qui pouvez charmer & les Dieux & les Rois,
En ce jour de triomphe, où l'infortune passe,
Venez mesler vos Luts, à vos sçavantes voix.

Voicy deux de vos sœurs, qu'vne estrange disgrace
Esloigna si long-temps de l'ombre de vos bois:
Nostre Apollon vainqueur comme le Dieu de Thrace,
Enfin a combatu pour la derniere fois.

Deux monstres inhumains, l'Ignorance & l'Envie,
Ont traversé le cours de leur illustre vie,
Mais ces monstres vaincus s'en revont aux enfers.

Chantez, Muses, chantez vne hymne de victoire;
Ie les voy tous honteux, je les voy dans les fers;
Et je revoy vos sœurs rayonnantes de gloire.

SCVDERY.

ARREST DV CONSEIL

d'Eſtat, portant defenſes aux Maiſtres Iurez Peintres & Sculpteurs,
de donner aucun trouble ou empeſchement aux Peintres & Sculpteurs
de l'Academie, en quelque ſorte &
maniere que ce ſoit, à peine de deux
mille livres d'amende.

VR la Requeſte preſentée au Roy en
ſon Conſeil, ſa Majeſté y eſtant, la
Reine Regente ſa Mere preſente, par
les Peintres & Sculpteurs de l'Acade-
mie, ſignée au pied de ladite Requeſte y attachée:
Contenant qu'il s'eſt gliſſé vn abus parmy ceux de
cette profeſſion par l'ignorance & la baſſeſſe du
plus grand nombre, qui a prévalu ſur les remon-
ſtrances des plus capables, pour reduire en Maiſtriſe des Arts qui doivent eſtre exercez plus noblement, & donner aux Doreurs & Eſtoffeurs la qualité
de Peintres & Sculpteurs, dont ils ſe ſervent abuſi-
vement, pour donner tous les jours, ſous-pretexte

de leur Maiſtriſe, des troubles & empeſchemens
à ceux qui avec plus d'honneur & de capacité
profeſſent ces Arts liberaux, juſques à vouloir li-
miter le nombre des Peintres & Sculpteurs de ſa
Majeſté & de la Reine Regente, & les obliger
avec les autres excellens hommes de ladite profeſſion, tant François qu'Eſtrangers, qui ſont ou
qui ſeront à l'avenir habituez & receus par l'Academie, de ſe faire paſſer Maiſtres à Paris ou de travailler ſous des Broyeurs de couleurs ou ſous des
Poliſſeurs de marbre qui ſe ſont faits paſſer Maiſtres pour de l'argent: Et dautant qu'aujourd'huy
la Peinture & la Sculpture ſont à vn eminent degré
de perfection, & fleuriſſent dans Paris avec autant
d'éclat qu'en aucun lieu de l'Europe, & que beaucoup deſdits Maiſtres qui ont eſté receus dés leur
bas âge, ou qui ont eſté contraints, pour eviter
les chicanes & perſecutions des autres Maiſtres,
ſe ſont à preſent rangez du coſté des ſupplians &
ſequeſtrez dudit Corps de meſtier: Requerent leſdits ſupplians qu'il plaiſe à ſa Majeſté les remettre
en l'honneur que ces Arts meritent, & faire tres-
expreſſes inhibitions & défenſes auſdits Maiſtres,
ſoy qualifians Peintres & Sculpteurs, de donner
aucun trouble ny empeſchement aux Peintres &
Sculpteurs de l'Academie en l'exercice deſdits Arts,
ſoit par viſite, confiſcation de leurs ouvrages, ou
les voulant obliger à ſe faire paſſer Maiſtres, ny
autrement, en quelque façon & maniere que ce
ſoit, à peine de deux mille livres d'amende; &

ordonner que fans aucuns frais de reception, ceux
qui feront jugez par l'Academie dignes & capables, les pourront exercer par tout le Royaume, &
entreprendre toutes fortes d'ouvrages de Peinture
& de Sculpture. LE ROY ESTANT EN SON
CONSEIL, la Reine Regente fa mere prefente,
a fait & fait tres-expreffes inhibitions & defenfes
aux Maiftres & Iurez Peintres & Sculpteurs, de
donner aucun trouble ou empefchement aufdits
Peintres & Sculpteurs de l'Academie; foit par vifi-
tes, faifies de leurs ouvrages, confifcations, ou les
voulant obliger de fe faire paffer Maiftres, ny autrement, en quelque forte & maniere que ce foit,
à peine de deux mille livres d'amende : Et afin que
ces Arts puiffent eftre exercez plus noblement &
avec plus de liberté, SA MAIESTE' A ORDONNE'
ET ORDONNE, que tous Peintres & Sculpteurs,
tant François qu'Eftrangers : comme auffi ceux qui
ont efté receus Maiftres, & qui fe font volontai-
rement départis, ou fe voudront à l'avenir feque-
ftrer dudit Corps de meftier, feront admis à l'Academie fans aucuns frais, s'ils en font jugez capables par les douze plus anciens d'icelle. Et fait dé-
fenfes fur femblables peines aufdits Peintres &
Sculpteurs de l'Academie, de donner aucun trouble ny empefchement aufdits Maiftres Peintres &
Iurez Peintres & Sculpteurs. Fait au Confeil d'Eftat
du Roy fa Majefté y eftant, tenu à Paris le vingtié-
me de Ianvier 1648. Signé PHELIPPEAVX.

LOVIS par la grace de Dieu Roy de France et de Navarre: Au premier Huiſſier ou Sergent ſur ce requis. Nous te mandons & commandons par ces preſentes ſignées de noſtre main, que l'Arreſt ce jourd'huy donné en noſtre Conſeil d'Eſtat, Nous y eſtant, La Reine Regente noſtre tres-honorée Dame & Mere preſente, dont l'Extrait eſt cy-attaché ſous le contre-ſeel de noſtre Chancellerie, tu ayes à ſignifier à tous ceux qu'il appartiendra, & à faire pour l'entiere execution d'iceluy tous autres actes & autres explois à ce neceſſaires, ſans demander aucun congé ny pareatis: CAR tel eſt noſtre plaiſir. Donné à Paris le 27. jour du mois de Ianvier l'an de grace 1648. & de noſtre Regne le cinquiéme. Signé LOVIS. Et plus bas, Par le Roy, la Reine Regente ſa mere preſente, PHELIPPEAVX. Et ſeellé du grand Sceau de cire jaune.

EXTRAIT DES REGISTRES
de Parlemeut.

VEv par la Cour les Lettres patentes du Roy données à Paris au mois de Fevrier 1648. ſignées LOVIS. Et ſur le reply, Par le Roy, la Reine Regente ſa Mere preſente, PHELIPPEAVX, & ſeellées du grand ſeau de cire verte en lacs de ſoye rouge & verte; par leſquelles ledit Seigneur

Roy veut & entend que les Status paſſez par les
Peintres & Sculpteurs de l'Academie Royale de
Peinture & Sculpture établie en cette ville de Paris, ſoient inviolablement gardez & obſervez de
point en point ſelon leur forme & teneur, ſans qu'il
y puiſſe eſtre cy-aprés contrevenu en aucune ſorte & maniere, ſur les peines y contenuës, & autres arbitraires, s'il y échet. Autres Lettres patentes du Roy données à Paris le   jour de
audit an 1648. ſignées, L O V I S, & ſur le repl y,
Par le Roy, la Reine Regente ſa Mere preſente,
P H E L I P P E A V X, ſeellées de cire jaune du grand
ſeau en queuë pendante, portant adreſſe à la Cour
des premieres Lettres patentes cy-deſſus, pour y
eſtre verifiées, leſdits Statuts & Reglemens atta-
chez ſous le contreſceel deſdites Lettres. Arreſt de
ladite Cour entre Euſtache le Sueur, Simon Guil-
lin, Thomas Pinager & conſorts, tous Peintres &
Sculpteurs, demandeurs à l'enterinement & verification deſdites Lettres & Statuts, & defendeurs,
d'vne part : & les Maiſtres Iurez Peintres & Sculpteurs de ladite Ville, defendeurs oppoſans à la
verification d'icelles Lettres, & demandeurs en
Requeſte du dernier Ianvier 1651. à ce que nonobſtant, & ſans s'arreſter à l'Arreſt du Conſeil du
20. Ianvier 1648. leſdits Peintres & Sculpteurs fuſ-
ſent tenus de proceder en la Cour ſur l'inſtance
de reglement y pendante, avec defenſes de faire
pourſuites ailleurs qu'en icelle. Ledit Arreſt du 2.

Mars audit an 1651. par lequel auroit esté ordonné, que les parties procederoient en icelle, & que les opposans fourniront leurs moyens d'opposition, pour ce fait, ordonner ce que de raison. Les articles respectivement accordez par les parties le 7. Iuin ensuivant, avec les Contrats de transaction & accords passez entre les parties sur leurs differends & opposition cy-dessus des 4. 5. 6. Aoust ensuivant, & autres jours. Les Requestes respectivement presentées par lesdits Maistres, Gardes, Iurez Peintres & Sculpteurs, d'vne-part; & lesdits Peintres & Sculpteurs de ladite Academie Royale, d'autre, des 22. & 23. Ianvier dernier, tendantes afin de verification, enregistrement & homologation, tant desdites Lettres & Statuts des Peintres de l'Academie Royale, que des Contrats & Articles passez entre-eux & lesdits Maistres Peintres & Sculpteurs : Conclusions du Procureur general du Roy; tout consideré. LADITE COVR a ordonné & ordonne, Que lesdites Lettres patentes du mois de Fvrier 1648. Statuts & Articles accordez entre les parties, seront registrez au Greffe d'icelle, pour estre le tout gardé & observé selon sa forme & teneur; à la charge toutefois que pour le contenu en l'Article 7. ce qui se payera pour la reception ne pourra estre taxé plus haut qu'à la somme de deux cens livres, & les amendes dont il est fait mention és 6. & 8. Articles, reglées à la somme de trente livres, sans qu'elles

qu'elles puiſſent eſtre augmentées. FAIT en Parlement le 7. Iuin 1651. Signé. DV TILLET.

*Regiſtrez, oüy le Procureur general du Roy, pour
eſtre le tout gardé & obſervé ſelon ſa forme & teneur,
aux charges portées par l'Arreſt de ce jour. A Paris en
Parlement le 7. Iuin 1651. Signé, DV TILLET.*

BREVET DV ROY EN FAVEVR
de l'Academie Royale de Peinture
& de Sculpture.

AVjourd'huy vingt-huitiéme jour de Decembre 1654. le Roy eſtant à Saint-Germain en
Laye, reconnoiſſant que l'Academie Royale de
Peinture & Sculpture, que ſa Majeſté a cy-devant
eſtablie en ſa bonne ville de Paris, a tellement reüſſi
ſelon ſon deſir, que ces deux Arts que l'ignorance avoit preſque confondus avec les moindres mé-
tiers, ſont maintenant plus floriſſans en France,
par le grand nombre qui s'y trouve de rares & excellens hommes de cette profeſſion, qu'en tout
le reſte de l'Europe; & ſçachant qu'il n'y a point
de plus forte conſideration pour faire aimer & em-
braſſer cette noble vertu, qui eſt vn des plus riches
ornemens d'vn Eſtat, que l'amour & l'inclination
qu'y porte le Souverain; Sa Majeſté qui en a vne
toute particuliere pour la Peinture & Sculpture, a
reſolu de continuer à en donner des marques à la-

B

dite Academie dans toutes les occasions qui se
pourront offrir ; & cependant de luy pourvoir tant
d'vn lieu necessaire pour faire ses exercices avec
plus d'honneur, que d'vn fonds par chacun an pour
la despense ordinaire d'icelle, mesme de gratifier
ceux dont elle est & sera cy-aprés composée, de
quelque témoignage honorable de sa bienveillan-
ce ; Sadite Majesté en attendant que la necessité
de ses affaires luy permette de faire bastir vn lieu
plus commode pour tenir ladite Academie, a desti-
né pour cet effet la Gallerie du College Royal de
l'Vniversité de ladite ville de Paris, où elle entend
que les Assemblées, Leçons, & autres exercices
publics & particuliers de ladite Academie, se fas-
sent doresnavant suivant les Statuts d'icelle, tant
anciens que nouveaux, leur permettant à cette fin
de faire faire dans ladite Gallerie telles cloisons &
retranchemens qui seront estimez necessaires pour
la decence & commodité des lieux. Et pour donner moyen à ladite Academie d'entretenir tant
les modeles & naturel qui se mettent en atitude
pour faire les leçons du dessein, que les Maistres
qui y seront appellez pour montrer la Geometrie,
Mathematiques, Architecture, Perspective, &
Anatomie ; Sadite Majesté a liberalement donné &
accordé, donne & accorde à ladite Academie la
somme de mille livres par chacun an, dont sera fait
fonds dans l'estat des gages des Officiers de ses Bastimens & payée suivant les ordonnances des Surintendant & Intendant d'iceux, au Tresorier de ladite

Academie. Sadite Majefté pour d'autant plus gratifier & favorablement traiter ladite Academie , &
donner fujet à ceux qui la compofent de vacquer
à leurs fonctions avec toute l'affection & affiduité
poffible, les a déchargez & décharge à prefent &
à l'avenir, de toutes tutelles & curatelles, & de
tout guet & garde, jufques au nombre de trente,
qui rempliront les premiers lefdites places à mefure que ceux qui les occupent à prefent feront
changez; fçavoir le Directeur, les quatre Recteurs,
les douze Profeffeurs, le Treforier, le Secretaire,
& les onze de ladite Academie : & leur a accordé & accorde à chacun d'eux le Committimus de
toutes les caufes perfonnelles, poffeffoires, & hypotequaires, tant en demandant qu'en defendant
pardevant les Maiftres des Requeftes ordinaires
de fon Hoftel, ou aux Requeftes du Palais à Paris, à
leur choix, tout ainfi qu'en joüiffent ceux de l'A-
cademie Françoife & les Officiers commenfeaux
de fa Maifon. Et afin de rendre ladite Academie
d'autant plus floriffante, introduire les belles manieres defdits Arts, & en bannir les mauvaifes
que quelques ignorans y exercent. Sa Majefté
veut & entend que dorefnavant il ne foit pofé aucun modele, fait monftre, ny donné leçon en
public, touchant le fait de Peinture & Sculpture
qu'en ladite Academie Royale : & defend à tous
Peintres & Sculpteurs quels qu'ils foient, de s'ingerer d'en faire faire aucun eftude public en leurs
maifons & atteliers fous quelque pretexte que ce

puiffe eftre, permis feulement à eux pour leur travail & inftruction particuliere d'en faire tel eftude
que bon leur femblera : Et dautant que jufques
icy l'infuffifance s'eft d'autant plus facilement in-
troduite & perpetuée dans lefdits Arts de Peinture & Sculpture, que toutes fortes de perfonnes
indifferemment y ont efté receus pour de l'argent,
au moyen des Lettres de Maiftrife que les Rois
ont couftume de donner tant à leur avenement
à la Couronne, Sacre & Mariage, qu'à la naiffan-
ce de leurs enfans, defquelles Lettres de Maiftrife plufieurs Arts & Meftiers de beaucoup moin-
dre confideration, ont efté exceptez en divers
temps, nommément les Apoticaires, Chirurgiens,
Orfévres, Maiftres des Monnoyes, Bonnetiers,
Pelletiers, Ecrivains, Marchands Merciers, Ma-
refchaux & autres : Sadite Majefté pour procurer le plus grand luftre & la plus grande pureté
defdits Arts de Peinture & Sculpture, & empefcher que perfonne n'y puiffe eftre admis à l'avenir que par la feule capacité & fuffifance, les a
exceptez de toutes lefdites Lettres de Maiftrife.
Veut & entend que dorefnavant ils ne foient
compris dans les dons qu'elle en pourra faire cy-
aprés : & qu'en cas que par furprife ou autrement,
il en foit expedié aucunes qu'on n'y ait aucun
égard. Mande fa Majefté aux Surintendant & Intendant de fes Baftimens, Arts & Manufactures,
de mettre ladite Academie Royale en poffeffion
de ladite Gallerie du College Royal, & de l'en fai-

re joüir enfemble defdits mille livres par an, tant
& fi longuement qu'il luy plaira, en vertu du prefent Brevet, pour l'entiere execution duquel elle
veut que toutes Lettres patentes, Arrefts, & autres expeditions neceffaires foient délivrées: l'ayant
pour cet effet figné de fa main, & fait contrefi-
gner par moy fon Confeiller Secretaire d'Eftat &
de fes Commandemens. Signé, LOVIS, & plus
bas, PHELIPPEAVX.

***

LETTRES PATENTES
de fa Majefté.

LOVIS par la grace de Dieu Roy de France
& de Navarre : A tous prefens & à venir,
Salut. Les Arts de Peinture & Sculpture ayant toûjours efté cheris & favorifez des Rois nos predeceffeurs, particulierement de François I. Henry II.
Henry IV. & Louïs XIII. noftre tres-honoré Seigneur & Pere, que Dieu abfolve, ces nobles pro-
feffions ont fleury en France pendant leurs regnes
avec le mefme luftre qu'ils avoient dans l'anti-
quité, decoré & enrichy les Maifons Royales de
plufieurs rares ouvrages qui fervent de glorieux
monument à la memoire de ces grands Princes.
Mais les continuelles guerres dont cet Eftat a efté
affligé depuis longues années, ayant attiedy le ze-
le & la ferveur des plus illuftres artifans, & intro-
duit parmy eux plufieurs abus capables de ruiner

lefdits Arts, nous nous fommes trouvez obligez
d'employer noftre autorité pour les purger & remettre en leur premier éclat. Pour cet effet nous
aurions dés l'année 1648. eftably en noftre bonne
ville de Paris vne Academie de Peinture & Sculpture, laquelle a produit tout le fruit que nous
nous en eftions promis : & l'experience nous ayant
fait connoiftre que pour le plus grand bien &
avancement de ladite Academie, il eftoit neceffaire d'ajoûter quelques articles aux premiers Statuts & Reglemens d'icelle, nous les avons fait dref-
fer le vingt-quatriéme Decembre dernier, & enfuite pour donner des marques à ladite Academie
du foin particulier que nous en voulons prendre
à l'avenir & luy départir les témoignages vtiles &
honorables de noftre bien-veillance, Nous avons
par noftre Brevet du vingt-huitiéme jour defdits
mois & an, & pour les confiderations y contenües,
deftiné la Gallerie de noftre College Royal de
l'Vniverfité de noftre bonne ville de Paris, pour
faire les Affemblées, Leçons,& autres exercices de
ladite Academie, & à icelle accordé la fomme de
mille livres par chacun an, pour entretenir tant les
modeles naturels qui fe mettent en attitude pour
faire les Leçons du deffein, que les Maiftres qui y feront appellez pour montrer les Mathematique;,
la Geometrie, Architecture, Perfpective & Anatomie, à prendre lefdits mille livres fur les fonds
ordinaires de nos Baftimens, & payées fuivant les
Ordonnances des Sur-Intendant & Intendans d'i-

ceux au Treforier de ladite Academie : & afin de
donner moyen à ceux qui la compofent de vacquer
à leurs fonctions avec toute l'affection & affiduité
poffible, nous les avons déchargez de toutes tutelles & curatelles, & de tout guet & garde jufques
au nombre de trente, aufquels nous avons auffi
accordé le droit de Committimus; & pour introduire les belles manieres defdits Arts dans ladite
Academie, & en bannir les mauvaifes que quelques ignorans y exercent, défendu que dorefnavant il ne foit pofé aucun modele, fait montre,
ny donné leçon en public touchant le fait de
Peinture & Sculpture, qu'en icelle: mefme pour
procurer le plus grand luftre & pureté defdits Arts
de Peinture & Sculpture, & empefcher que perfonne n'y puiffe eftre admis à l'avenir que par la
feule capacité & fuffifance, nous les avons exceptez
de toutes Lettres de Maiftrife; fans que dorefnavant ils puiffent eftre compris dans les dons que
nous & nos fucceffeurs Rois en pourront faire cy-
aprés. Et dautant que par les nouveaux articles defdits Reglemens & Statuts, nous permettons à ladite Academie de choifir telles perfonnes de la plus
haute qualité & condition du Royaume que bon
luy femblera pour fa protection & vice-protection,
& qu'en confequence, noftre tres-cher & tres-
amé Coufin le Cardinal Mazarin, qui a vne con-
noiffance & vn amour fingulier pour toutes les
belles & grandes chofes, a efté prié de vouloir
prendre ladite protection, nous l'avons eu tres-

ãgreable, & la fupplication tres-inftante que noftredit Coufin nous a faite en faveur de ladite Academie, de la vouloir gratifier en toutes rencontres;
& cependant la faire joüir de l'effet de nos graces
portées par noftredit Brevet, & en faire expedier
nos Lettres neceffaires. A CES CAVSES, &
autres confiderations à ce nous mouvans; Sçavoir
faifons, que conformément à noftredit Brevet du
vingt-huitiéme Decembre dernier,cy-attaché avec
lefdits Statuts fous le contre-feel de noftre Chancellerie, nous avons par ces prefentes fignées de
noftre main, deftiné & affecté, deftinons & affe-
ctons ladite Galerie de noftre College Royal de
l'Vniverfité de Paris pour le logement de ladite
Academie Royale, jufques à ce que ledit College
foit entierement bafty, & que nous luy ayons
pourveu d'vn lieu plus commode : Et luy avons
fait & faifons don par cefdites prefentes, de la fomme de mille livres par chacun an, dont les fonds
ordinaires de nos Baftimens feront augmentez:
pour eftre lefdits deniers employez à entretenir les
Modeles & les Maiftres qui feront appellez pour
montrer les fciences defdits Arts. Déchargeons à
prefent & à l'avenir ceux qui compofent ladite Academie de toutes tutelles, curatelles, & de tout guet
& garde jufques au nombre de trente; Sçavoir le
Directeur, les quatre Recteurs, les douze Profeffeurs, le Treforier, le Secretaire, & les onze de ladite Academie, qui rempliront les premiers lefdites places, à mefure que ceux qui les occupent

à

à preſent ſeront changez: Comme auſſi avons accordé & accordons à chacun deſdits trente, le
Committimus de toutes les cauſes perſonnelles,
poſſeſſoires & hypotequaires, tant en demandant
qu'en défendant, pardevant les Maiſtres des Re-
queſtes ordinaires de noſtre Hoſtel, ou aux Re-
queſtes du Palais à Paris, à leur choix, tout ainſi
qu'en joüiſſent ceux de l'Academie Françoiſe, &
les Officiers commenſeaux de noſtre Maiſon: Dé-
fendons à tous Peintres & Sculpteurs, quels qu'ils
ſoient, de s'ingerer doreſnavant de poſer aucun
Modele, faire montre, ny donner leçon en public touchant le fait de Peinture & Sculpture qu'en
ladite Academie, ſous quelque pretexte que ce
puiſſe eſtre; permis ſeulement à eux pour leur
travail & inſtruſtion, d'en faire tel étude particulier en leurs maiſons & atteliers que bon leur ſem-
blera. Exceptons leſdits Arts de Peinture & Sculpture de toutes Lettres de Maiſtriſe, ſous quelque
pretexte que ce ſoit: & en cas que par ſurpriſe ou
autrement il en ſoit expedié aucunes, nous ne voulons qu'il y ſoit eu égard: Voulons & entendons
que ladite Academie entretienne, garde & obſer-
ve inviolablement de poinct en poinct ſelon leur
forme & teneur, tant les derniers articles deſdits
Statuts du 24. Decembre 1654. que ceux du mois de
Fevrier 1648. qui ne ſont détruits ou revoquez par
iceux ſans y contrevenir pour quelque cauſe que
ce puiſſe eſtre, que par noſtre expreſſe permiſſion.
SI DONNONS EN MANDEMENT à
C

nos amez & feaux Confeillers les Gens tenans nr
ftre Cour de Parlement à Paris, que ces prefentes
ils ayent à faire lire, publier & enregiftrer, & du
contenu en icelles joüir & vfer pleinement & paifiblement lefdits Peintres & Sculpteurs de l'Academie Royale, ceffant & faifant ceffer tous troubles
& empefchemens au contraire. Mandons au Sur-
Intendant & Intendans de nos Baftimens, Arts &
Manufactures, de mettre ladite Academie Royale
en poffeffion de ladite Gallerie du College Royal,
& d'icelle les faire joüir; Enfemble defdites mille
livres par an, tant & fi longuement qu'il nous plaira. Car tel eft noftre plaifir. Et afin que ce foit chofe ferme & ftable à toûjours, nous avons fait mettre
noftre feel à ces prefentes, fauf en autres chofes
noftre droict & l'autruy en toutes. DONNE' à Paris au mois de Ianvier, l'an de grace 1655. & de noftre Regne le douziéme. Signé LOVIS. Et fur le
reply, Par le Roy, PHELIPPEAVX: Et feellé du
grand Sceau de cire verte en lacs de foye rouge &
verte, & contre-feellé.

Verifié en Parlement à Paris le 25. *Iuin* 1655.
Signé, DV TILLET.

Collationné à l'Original, par moy Confeiller
Secretaire du Roy, Maifon Couronne de
France, & de fes Finances. BVRIN.

EXTRAIT DES REGISTRES
de Parlement.

VEv par la Cour les Lettres patentes données à Paris au mois de Ianvier mil fix cens
cinquante-cinq, fignées, LOVIS. Et fur le reply, Par le Roy PHELIPPEAVX, & fellées du
grand fceau de cire verte en lacs de foye rouge
& verte, obtenuës par les Peintres & Sculpteurs
de l'Academie Royale établie en cette ville de Paris, par lefquelles, & pour les caufes y contenuës, ledit Seigneur conformément à fon Brevet
du 28 Decembre dernier, auroit deftiné & affe-
été la Gallerie du College Royal de l'Vniverfité
de Paris pour le logement de ladite Academie
Royale, jufques à ce que ledit College foit entierement bafty ; & à laquelle Academie fa Majefté auroit fait don de la fomme de mille livres par
chacun an à prendre fur le fonds ordinaire de fes
baftimens, pour eftre lefdits deniers employez à
entretenir les modeles & les Maiftres qui feront
appellez pour monftrer les fciences defdits Arts:
Décharge en outre fadite Majefté ceux qui compofent ladite Academie, de toute tutelles, curatel-
le, guet & garde jufques au nombre de trente perfonnes : Sçavoir le Directeur, les quatre Recteurs,
les douze Profeffeurs, le Threforier, le Secretaire,
& les onze de ladite Academie qui rempliront
premiers lefdites places, à mefure que ceux qui les
occupent feront changez: Comme auffi accorde

C ij

sadite Majesté à chacun desdits Peintres droit de Committimus de toutes leurs causes aux Reque-stes de l'Hostel ou du Palais, ainsi qu'en jouïssent ceux de l'Academie Françoise, & commensaux de sadite Majesté; avec défenses à tous Peintres de s'ingerer doresnavant de poser aucun mode-le, faire monstre, ny donner leçons en public tou-chant le fait de Peinture & Sculpture qu'en ladi-te Academie. Excepté en outre sadite Majesté lesdits Arts de toutes Lettres de maistrise, sous quelque pretexte que ce soit. Veut aussi que la-dite Academie garde & observe de point en point, tant les Articles desdits Statuts du 24. Decembre 1654. que ceux du mois de Fevrier 1648. le tout ainsi qu'il est plus au long porté par lesdites Let-tres à ladite Cour adressantes; ledit Brevet du 28. Decembre, & Articles des Statuts desdits Pein-tres anciens & nouveaux, lesdites Lettres paten-tes, & Arrest de verification desdits Statuts, avec la Requeste afin d'enterinement desdites Lettres: Conclusions du Procureur general du Roy. Tout consideré, LADITE COVR a ordonné & ordonne que lesdites Lettres, Brevet & Statuts se-ront registrez selon leur forme & teneur, & joüir par les impetrans de l'effet & contenu en icelles, à la charge que la décharge des tutelles & cura-telles portée par icelles, n'aura lieu en cette ville & faux-bourgs de Paris, pour les tutelles qui leur pourront estre déferées, sinon en cas de droit. Fait en Parlement ce 23. Iuin 1655. Signé, DV TILLET.

LETTRES PATENTES
de sa Majesté.

LOVIS PAR LA GRACE DE DIEV ROY DE
FRANCE ET DE NAVARRE : A tous presens &
à venir ; Salut. Quelques avantages que nous ayons
remportez par le Traité des Pyrenées, toute l'Europe sçait qu'en concluant la Paix Generale à nostre
âge & au milieu de nos prosperitez, nous avons
beaucoup plus consideré le repos particulier de nos
Sujets que nostre propre gloire. C'est aussi par l'effet
de l'amour paternel que nous leur portons, que
dans cette tranquillité vniverselle, Nous avons
converty nos soins à leur faire goûter les fruits
d'vne Paix si desirée, & si puissamment établie :
Mais quoy que nous ayons pourveu à leur soulage-
ment par la diminution des impositions ; que nous
ayons donné nos ordres pour le rétablissement du
commerce, & que nous tenions la main à l'execution des Reglemens pour la distribution de la Iusti-
ce : Nous avons neanmoins estimé que pour rendre
nostre Royaume plus florissant, & mieux marquer
l'abondance & la felicité de nostre Regne ; Nous
ne pouvions rien faire de plus convenable, que
d'y faire cultiver les Sciences, & les Arts liberaux ; &
à l'exemple des plus grands Rois qui nous ont pré-
cedé, attirer ceux qui s'y trouveront exceller, par
des bien-faits & des marques d'honneur qui puis-

fent donner aux autres de l'émulation, & les exci-
ter à fe rendre dignes de femblables graces. Et
comme entre les beaux Arts, il n'y en a point de
plus noble que la Peinture & Sculpture, que l'vn
& l'autre ont toûjours efté en tres grande confideration dans noftre Royaume, nous avons bien
voulu donner à ceux qui en font profeffion, des
témoignages de l'eftime particuliere que nous en
faifons. Pour cet effet en l'année 1648. nous avions
étably en noftre bonne ville de Paris vne Academie Royale de Peinture & Sculpture, à laquelle
nous aurions accordé des Statuts & Privileges, &
iceux augmentez par nos Lettres du mois de Ianvier 1655. depuis lequel établiffement ladite Academie eftant notablement accruë par le concours
du grand nombre de perfonnes qui étudient à fe
perfectionner aufdits Arts, & la fuite du temps
ayant fait connoiftre qu'il eftoit neceffaire pour la
manutention de ladite Academie, de luy pourvoir
d'vn Reglement plus ample, Nous aurions bien
voulu faire rediger de nouveaux Statuts & Reglemens que nous voulons eftre executez; & pour
plus grande approbation & confirmation luy accorder nos Lettres à ce neceffaires. A ces cavses, de l'avis de noftre Confeil qui a vû lefdits
Statuts & Reglemens cy-attachez fous le contre-
feel de noftre Chancellerie, & de noftre grace fpe-
ciale, pleine puiffance & autorité Royale: Nous
avons approuvé & confirmé, & par ces prefentes
fignées de noftre main, approuvons & confirmons

lefdits Statuts : VOVLONS & nous plaist, qu'ils
foient gardez, obfervez & executez pleinement
felon leur forme & teneur. Et pour donner d'autant
plus de marques de l'eftime que nous faifons de
ladite Academie, & de la fatisfaction que nous
avons des fruits & des bons fuccés qu'elle produit
journellement, icelle avons confirmée & confirmons dans tous les privileges, exemptions, honneurs, prérogatives & préeminences que nous luy
avons attribuées, & que nos predeceffeurs Rois
ont accordé à ceux de cette profeffion, & en tant
que befoin eft ou feroit, luy avons de nouveau
tous lefdits privileges & exemptions accordé &
accordons par ces prefentes. A cet effet, & pour
faire obferver lefdits Statuts & Reglemens avec
plus d'autorité, & rendre ladite Academie plus
confiderable, Nous, icelle & tous ceux qui en
compofent le corps, avons mife & mettons fous
la protection de noftre tres-cher & feal Chevalier
Chancelier Garde des Seaux de France, le Sieur
Seguier, & Viceprotection de noftre amé & feal
Confeiller ordinaire en nos Confeils, & en noftre
Confeil Royal le Sieur Colbert Intendant de nos
Finances. Et pour donner plus de moyens à ladite
Academie Royale de fubfifter, Nous luy avons
par ces mefmes prefentes, fait & faifons don de
la fomme de quatre mille livres par chacun an, pour
eftre lefdits deniers employez au payement des
penfions des Profeffeurs qui vaqueront à enfeigner
lefdits Arts de Peinture & de Sculpture, diftribu-

tion des prix , payement des modeles , & autres frais qu'il conviendra faire pour l'augmentation & entretenement de ladite Academie; de laquelle somme de quatre mille livres, employ sera par nous fait annuellement dans l'estat de nos basti_ mens, & en consequence nous avons fait & faisons tres-expresses inhibitions & défenses à toutes per- sonnes de quelque qualité & condition qu'elles soient, d'établir des exercices publics desdits Arts de Peinture & de Sculpture, de troubler ny inquie- ter ceux de ladite Academie Royale dans leur éta- blissement,ny de contrevenir ausdits Statuts,sur pei- ne de deux mille livres d'amende, mesme de pren- dre la qualité de nos Peintres & de nos Sculpteurs sous pretexte de brevets ou autres titres, lesquels nous revoquons par ces presentes , conformément à l'Arrest de nostre Conseil du 8. Fevrier dernier, que nous voulons estre executé; fors & excepté à ceux qui seront du corps de ladite Academie. Et dautant que ceux qui composent ladite Academie ont des Eleves lesquels aprés estre demeurez plusieurs an- nées auprés d'eux, ne pouvant parvenir d'estre ad- mis à ladite Academie, il ne seroit pas juste qu'ils eussent perdu leur temps. Voulons & nous plaist que le temps qu'ils auront demeuré chez lesdits Academiciens, leur soit compté pour pavenir à la Maistrise dans toutes les villes de nostre Royau- me, & que le certificat de celuy chez qui ils au- ront demeuré, approuvé par le Chancelier de la- dite Academie, & contresigné par le Secretaire

d'icelle

d'icelle, leur tienne lieu d'obligé. SI DONNONS
EN MANDEMENT à nos amez & feaux Confeillers les gens tenans noftre Cour de Parlement , de faire jouïr ladite Academie Royale
de l'effet defdits Statuts , & du contenu en ces prefentes, pleinement, paifiblement & perpetuelle-
ment, & à noftre Procureur general d'y tenir la
main, ceffant & faifant ceffer tous troubles &
empefchemens qui pourroient eftre donnez au
contraire: CAR tel eft noftre plaifir. Et afin que
ce foit chofe ferme & ftable à toûjours , nous
avons fait mettre noftre feel à cefdites prefentes.
Donné à Paris au mois de Decembre l'an de grace 1663. & de noftre regne le vingt-vn. Signées,
LOVIS ; Et fur le reply , PHELIPPEAVX :
feellées du grand Sceau de cire verte en lacs de
foye rouge & verte, & contrefeellées, *avec ces mots,*
Vifa, pour fervir aux Lettres de don de quatre
mille livres de penfion par chacun an & à perpe-
tuité à l'Academie Royale de Peinture & de Sculpture , avec confirmation des Règlemens de ladite Academie.

Regiftrées en la Chambre des Comptes le 31. *jour de De-*
cembre 1663. *Signé,* RICHER.

Regiftrées en la Cour des Aydes le 13. *jour de Fevrier* 1664.
Signé, DVMOVLIN.

AVERTISSEMENT.

D'Autant que les présens Articles comprennent & corrigent tous les précedens Statuts de l'Academie, tant ceux de l'année 1648. que ceux de la jonction avec les Maistres en 1651. & les derniers de l'année 1655. il n'a pas esté necessaire de les rapporter icy : mais on a mis à la marge de chaque Article des renvois, pour marquer la conformité qu'ils ont ausdits précedens Statuts, ou aux Deliberations de l'Academie.

STATVTS ET REGLEMENS

de l'Academie Royale de Peinture & Sculpture establie par le Roy, faits par l'ordre de sa Majesté, & qu'elle veut estre executez.

PREMIEREMENT.

V'IL n'y aura qu'vn seul lieu où l'Academie fera ses Assemblées sous le nom d'Academie Royale, où se decideront tous les differends qui pourront survenir touchant les Arts de Peinture & de Sculpture : comme aussi pour la reception des Academiciens, & la distribution des prix qui seront proposez aux Etudians ; mais sera libre à ladite Academie d'avoir d'autres lieux en divers endroits de la ville, tels qu'elle jugera le plus à propos pour la commodité publique, où se feront les exercices du Modele, sous les ordres & la conduite des Officiers qu'elle nommera pour cet effet, & qui rendront compte de leur conduite aux Assemblées de ladite Academie Royale. Et dautant que quelques personnes pourroient entreprendre de faire des Assemblées pour poser le Modele, & tenir des Ecoles publiques de Peinture &

I. Art. de La jonction, 1611. III. Art. des Statuts, 1655.

Sculpture fans la participation de l'Academie;
ce qui pourroit apporter du defordre & de la corruption : Qu'aucunes affemblées de Peinture &
Sculpture pour pofer le modele, ne feront efta-
blies en cette ville de Paris, que par l'ordre & le
confentement de ladite Academie; & fi aucunes
y avoit, que les particuliers qui les compofent
feront avertis, & enfuite contraints de les faire
ceffer, comme contraires à l'intention de fa Majefté.

I I.

Art. I. des
Statuts,
1648.
Le lieu où l'Affemblée fe fera, eftant dedié à la
Vertu, doit eftre en finguliere veneration à ceux
qui la compofent, & à la jeuneffe qui y eft receuë
pour eftudier & deffeigner : partant s'il arrivoit
qu'aucun vinft à blafphemer le faint Nom de
Dieu, ou à parler de la Religion, & des chofes
faintes par dérifion & par mépris, ou proferer des
paroles impies & deshonneftes, il fera banny de
ladite Academie, & décheu de la grace qu'il a pleu
à fa Majefté luy accorder.

I I I.

Art II. des
Statuts,
1648.
L'on ne parlera dans ladite Academie que des
Arts de Peinture & de Sculpture, & de leurs dépendances, fans qu'on y puiffe traiter d'aucunes
autres matieres.

I V.

Art. IV.
des Statuts
1648. def.
du 2. Aouft
1655.
L'Academie fera ouverte tous les jours de la
femaine, excepté les Dimanches & les Feftes, à
la jeuneffe, & aux eftudians, pour y deffeigner

l'efpace de deux heures, & profiter des leçons
qu'on fera fur le modele qui fera mis en attitude
par le Profeſſeur. Comme auſſi pour apprendre la
Geometrie, la Perſpective & l'Anatomie, dont les
Profeſſeurs eſdites ſciences, qui feront pour cet
effet choiſis par l'Academie, donneront des leçons
deux fois la ſemaine; laquelle Academie s'aſſem-
blera tous les premiers & derniers Samedis du
mois, pour s'entretenir & exercer en des confe-
rences ſur le ſujet de la Peinture & Sculpture, &
de leurs dépendances, & déliberer de leurs affaires.

V.

Les propofitions feront ouvertes par le Secretaire, pour y déliberer avec ordre, de bonne foy, en
confcience, fans brigue, caballe, ny paſſion; mais
avec difcretion, & fans s'interrompre l'vn l'autre.

Art. V. des Statuts 1648.

VI.

Il y aura vne eſtroite vnion & bonne correſpon-
dance entre ceux de l'Academie; parce qu'il n'y a
rien de plus contraire à la Vertu que l'envie, la mé-
difance & la difcorde; & ſi quelqu'vn eſtoit en-
clin à ces fortes de vices, & qu'il ne s'en vouluſt pas
corriger aprés la reprimende qui luy en aura eſté
faite, l'entrée de l'Academie luy fera défendüe.

Art. IX. des Statuts 1648.

VII.

Toutes les déliberations qui feront priſes dans
les Aſſemblées generales, & couchées dans les Re-
giſtres de l'Academie, feront executées.

Art. XII. des Statuts 1648.

VIII.

Art. I. des
Statuts
1655.

Il sera permis à l'Academie Royale de choisir telles personnes des plus éminentes qualitez & conditions du Royaume qu'elle estimera à propos, pour sa protection & vice-protection.

IX.

Art. II des
Statuts
1655.

Il y aura vn Directeur, lequel sera changé tous les ans, si ce n'est que l'Academie trouve à propos de le continuer, & en cas de changement, la place sera remplie de telles personnes que l'Academie assemblée élira.

X.

Art. III.
des Statuts
1655.
def. du 17.
Mars 1663

Il y aura quatre Recteurs perpetuels, & deux Ajoints, les Recteurs choisis & nommez par le Roy d'entre les plus capables des Professeurs, ou qui l'auront esté, l'vn desquels présidera par quartier en l'absence du Directeur, & fera observer les ordres dans ladite Academie, & en cas de deceds de l'vn desdits Recteurs, la place sera remplie par l'vn de ceux qui aura esté nommé pour Ajoint à ladite Charge, au choix de l'Academie; Lesquels Recteurs de quartier seront obligez de se trouver tous les Samedis en ladite Academie, pour conjointement avec le Professeur en mois, pourvoir à toutes les affaires d'icelle, vacquer à la correction des Estudians, juger de ceux qui auront le mieux fait, & merité quelques recompenses, & se rendre dignes par ce moyen des graces que le Roy leur a faites, & en cas d'absence du Recteur, l'Ajoint qui aura fait sa fonction, recevra les gages & la retribution que ledit Recteur pourroit esperer à proportion du temps qu'il aura servy.

XI.

Il y aura douze Profeſſeurs & huit Ajoints ; les Profeſſeurs ſerviront chacun vn mois de l'année, & ſe trouveront tous les jours à l'heure preſcrite pour faire l'ouverture de l'Academie, poſer le Modele, le deſſeigner ou modeler, afin qu'il ſerve d'Exemple aux Etudians ; les corriger & tenir aſſidus pendant les heures de ces exercices, & faire les autres fonctions de leurs Charges ; & ſera libre à l'Academie d'en changer juſques à deux par chacun an quand elle trouvera à propos ; & en cas d'abſence ou maladie du Profeſſeur en mois, l'Ajoint qui aura fait ſa fonction, recevra les gages & la retribution que ledit Profeſſeur pourroit eſperer à proportion du temps qu'il aura ſervy ; & lors qu'il arrivera changement ou deceds d'aucun deſdits Profeſſeurs, la place ſera remplie de celuy d'entre les Ajoints qu'il plaira à l'Academie de choiſir ; bien entendu que ceux qui ſortiront de Charge auront la qualité de Conſeillers de l'Academie, & auront ſeance & voix déliberative dans toutes les aſſemblées d'icelle.

Art. VI. VII. des Statuts 1655. deſ. du 17. Mars 1663

XII.

Seront les Ajoints tant deſdits Recteurs que Profeſſeurs éleus & nommez à la pluralité des voix par les Officiers de l'Academie.

XIII.

Que nulle perſonne à l'avenir ne ſera receuë en ladite Charge de Profeſſeur qu'il n'ait eſté nommé Ajoint, & nul ne ſera nommé Ajoint qu'il n'ait fait connoiſtre ſa capacité en la figure & en l'hiſtoire,

Deſl. de Ian. 1660.

ſoit en Peinture ou en Sculpture, & qu'il n'ait mis dans l'Academie le Tableau d'hiſtoire ou bas-relief qui luy aura eſté ordonné.

XIV.

Et parce qu'outre les Officiers & ceux qui l'auront eſté, il y a & peut avoir encore des perſonnes à l'avenir dans ladite Academie, qui ſont tres-connoiſſantes des choſes concernant ledit art, & intelligentes dans les affaires de l'Academie, il en ſera choiſi & nommé juſqu'au nombre de ſix, pour poſſeder la qualité de Conſeiller, & avoir voix déliberative avec leſdits Officiers.

XV.

Art. X. des Statuts 1655. Que dans le ſceau de l'Academie il y aura d'vn coſté l'image du Protecteur, & de l'autre les armes de ladite Academie.

XVI.

Art. XI. des Statuts 1655. Que nul ne pourra eſtre Chancelier qu'il n'ait eſté Recteur auparavant, afin qu'il ſoit connu eſtre capable de ladite Charge de Chancelier, & avoir la garde du Sceau de l'Academie, pour en ſeeller les actes, & mettre le Viſa ſur les Expeditions; lequel Chancelier poſſedera cette Charge pendant la vie.

XVII.

Art. XII des Statuts 1655. Que l'Academie nommera vn Secretaire, pour tenir le Regiſtre journal de toutes les Expeditions qui ſeront faites, & des déliberations qui ſeront priſes en ladite Academie, dont les feüilles ſeront ſignées des Directeur, Chancelier, Recteurs & Profeſſeurs.

Profeffeurs qui feront prefens. Ledit Secretaire
aura auffi la garde de tous les Titres & papiers
concernant l'Academie, & poffedera cette Charge fa vie durant : mefme gardera en depoft les
Sceaux de l'Academie quand le Chancelier viendra à manquer par mort ou longue abfence ; auquel cas le Secretaire pourra feeller en prefence
de l'affemblée, & non autrement : Et en cas d'abfence ou maladie dudit Secretaire, il fera choifi
entre les Officiers vne perfonne capable de faire
ladite Charge.

XVIII.

Que les Expeditions tant defdites déliberations
que des provifions pour admettre dans le corps
de ladite Academie ceux qui en feront jugez capables, feront purement émanées & intitulées de
l'Academie, & fignées du Directeur, du Chancelier, du Recteur en quartier, & du Profeffeur en
mois, feellées du feel de l'Academie, & contre-
fignées par le Secretaire ; efquelles feront fpeci-
fiez les ouvrages qui auront efté prefentez par les
Afpirans lors de leurs receptions, afin de faire
connoiftre leurs talens, & que l'on fçache à quel
titre ils ont efté admis dans l'Academie. Et celuy
qui fe trouvera préfider, leur fera prefter le fer-
ment de garder & obferver religieufement les Statuts & Reglemens, en prefence de l'affemblée ; &
nul ne fera cenfé du corps de ladite Academie
qu'il n'ait fa Lettre de provifion, laquelle ne luy
fera délivrée qu'aprés qu'il aura donné fon Ta-

*Art. XVIII
des Statuts
1655.
Def.des 2.
Decembr.
1655. 28.
Iuil. 1657.*

E

bleau ou Sculpture pour demeurer à l'Academie.

XIX.

Art. XIV.
des Statuts
1655. Que pour faire la recepte & defpenfe des deniers communs de ladite Academie, elle nommera celuy du corps qui fera trouvé le plus propre pour cet employ en qualité de Threforier, lequel aura foin de folliciter le payement des penfions du Roy, pour le diftribuer felon l'ordre qui en a efté fait par fa Majefté; & aura auffi la direction & principale garde des Tableaux, meubles & vftanciles de l'Academie, dont il rendra compte tous les ans en prefence de ceux qui auront efté nommez pour cet effet, & ledit Threforier fera changé ou continué tous les trois ans, ainfi que l'Academie eftimera à propos; & en cas de changement il aura la qualité, fonction & feance de Confeiller.

XX.

Art. XVI.
des Statuts
1655. Que l'Academie choifira deux Huiffiers, qui auront la charge du nettoyement & entretenement des logemens, Peintures & Sculptures, meubles & vftanciles, d'ouvrir, de fermer les portes, & de fervir aux autres befoins & affaires de ladite Academie; Et s'il fe rencontre que lefdits Huiffiers ou l'vn d'eux profeffe lefdits Arts, ils auront le privilege de travailler publiquement fous l'autorité de l'Academie.

XXI.

Art XVIII
des Statuts
1655. Pour empefcher qu'il n'arrive differend ny jaloufie en ladite Academie fous prétexte des rangs & des feances, le Directeur aura la place d'hon-

neur en l'abfence du Protecteur & Vice-prote- *Dél. du 21. Avril 1661.*
cteur; à fa droite feront le Chancelier, le Recteur
en quartier, les Recteurs, Profeffeurs, Threforiers,
Ajoints, & enfuite les Academiciens felon l'ordre
de leur reception; & à la gauche dudit Prefident,
feront les places deftinées & refervées pour les
perfonnes de condition & amateurs des fciences &
beaux Arts, qui feront conviez par ladite Academie, & pour les Confeillers d'icelle.

XXII.

Art. IX. des Statuts 1655.

Que dans toutes les affemblées & déliberations
pour la reception de ceux qui fe prefenteront, il
n'y aura que le Directeur, Chancelier, les Recteurs, Profeffeurs, Confeillers, Officiers &
Ajoints, les Perfonnes de condition & amateurs,
aufquels ladite Academie voudra rendre cet honneur, qui pourront avoir voix déliberatives, auf-
quelles affemblées & déliberations les autres Peintres & Sculpteurs feront prefens fi bon leur femble.

XXIII.

Dél. du 31 Iuin 1661

Que les ouvrages defdits Afpirans ayant efté
examinez, celuy qui fe trouvera préfider les in-
terrogera fur toutes les parties defdits ouvrages,
& lefdits Afpirans feront tenus d'y répondre, &
d'en déduire les raifons, en quoy ils pourront
eftre foûtenus par leur Introducteur: & ledit A-
fpirant eftant agreé, l'ouvrage qu'il aura prefenté
à l'Academie, demeurera en icelle, fans en pouvoir eftre ofté fous quelque caufe & prétexteque
ce foit.

XXIV.

Defl du 27
Ian.1663.

Art. XIX.
des Statuts
1655.

Qu'il y aura des prix propofez aux Etudians de
l'Academie qui auront efté choifis dans l'examen
qui s'en fera tous les Samedis de chacune femaine,
fur les deffeins qu'ils auront faits aprés le Modele:
Et pour cet effet tous les ans, le dernier Samedy
de Mars, il fera donné par l'Academie vn fujet fur
les actions heroïques du Roy à tous les Etudians,
pour en faire chacun vn deffein qui fera rapporté
trois mois aprés, & fur lequel fera délivré vn prix.
Et enfuite ordonné que le fujet fera executé en
Peinture, que le Tableau en fera rapporté fix mois
aprés, auquel temps fera délivré le grand prix
Royal à celuy qui aura le mieux fait: bien entendu
que ledit Tableau demeurera à l'Academie: Et
pour le jugement defdits prix, chacun fera tenu de
déduire les raifons de fon avis par billets le plus
briévement qu'il fera poffible; lefquels feront
examinez & refolus par les quatre Recteurs.

XXV.

Defl des 5.
Fevr.1650.
Ian.1663.

Il fera tous les ans fait vne affemblée generale
dans l'Academie au premier Samedy de Iuillet,
où chacun des Officiers & Academiciens feront
obligez d'apporter quelque morceau de leur ouvrage, pour fervir à décorer le lieu de l'Academie
quelques jours feulement, & aprés les remporter
fi bon leur femble, auquel jour fe fera le changement ou élection defdits Officiers, fi aucuns
font à élire, dont feront exclus ceux qui ne prefenteront point de leurs ouvrages, & feront

conviez les Protecteurs & Directeurs d'y vouloir
affifter.

XXVI.

Que fi aucun de ceux qui compofent ladite
Academie, ou qui y feront receus cy-aprés, ve-
noient à s'en rendre indignes, foit par mépris des
Statuts, negligence des emplois qui pourroient
leur avoir efté donnez, corruption de bonnes
mœurs, ou autrement ; en ce cas, il en pourra
eftre deftitué par déliberation de tout le Corps :
mefme déclaré incapable des privileges qu'il y
pourroit avoir acquis auparavant.

Art. XXI.
des Statuts
1655.

XXVII.

Le Roy ayant accordé à quarante de l'Academie de Peinture & de Sculpture les mefmes privileges qu'à ceux de l'Academie Françoife, le Directeur, le Chancelier, les quatre Recteurs, les
douze Profeffeurs, le Secretaire, le Threforier, &
ceux de ladite Academie qui rempliront les premieres places, jufqu'au nombre de quarante,
jouïront defdits Privileges leur vie durant ; Et lors
que quelqu'vn viendra à manquer par mort ou
autrement, le plus ancien Officier fuccedera, &
jouïra des Privileges, & ainfi fucceffivement les
vns aux autres.

Art. XX.
des Statuts
1655.

LES prefens Statuts ont efté faits & arreftez
par l'ordre exprés du Roy, lefquels fa Majefté veut
eftre executez, ayant fait expedier fes Lettres neceffaires pour la verification & enregiftrement.

E iij

d'iceux où befoin fera. Fait le 24. jour de Decembre 1663. Signé, LOVIS. Et plus bas, PHELIPEAVX.

✿✿✿✿✿✿✿✿✿✿✿✿✿✿✿✿✿

EXTRAIT DES REGISTRES
de Parlement.

ENTRE l'Academie Royale des Peintres & Sculpteurs, demandeurs en Requefte du 9. Ianvier 1664. d'vne part; & les Maiftres Peintres & Sculpteurs de Paris defendeurs, d'autre. Veu par la Cour les Lettres patentes du Roy données à Paris au mois de Decembre 1663. fignées LOVIS. Et fur le reply, Par le Roy, PHELIPPEAVX, & feellées du grand feau de cire verte fur lacs de foye rouge & verte, obtenuës par ladite Academie Royale des Peintres & Sculpteurs de la ville de Paris, par lefquelles & pour les caufes y contenuës, ledit Seigneur Roy auroit approuvé & confirmé les nouveaux Statuts & Reglemens faits par fes ordres pour la manutention de ladite Academie, & eftre gardez, obfervez & executez pleinement felon leur forme & teneur. Et pour donner d'autant plus de marque de l'eftime que ledit Seigneur Roy faifoit de ladite Academie, & de la fatisfaction qu'il avoit des fruits & des bons fuccés qu'elle produifoit journellement, ledit Seigneur auroit confirmé ladite Academie dans tous les privileges, exemptions, honneurs, prérogatives

& préeminences à elles cy-devant attribuez , &
que les prédeceſſeurs Rois dudit Seigneur avoient
accordé à ceux de cette profeſſion. Et entant que
beſoin ſeroit ledit Seigneur Roy luy auroit de nouveau par leſdites Lettres patentes accordé tous leſdits privileges & exemptions. A cet effet, & pour
faire obſerver leſdits Statuts & Reglemens avec
plus d'autorité, & rendre ladite Academie plus
conſiderable , ledit Seigneur auroit mis ladite Academie & ceux qui en compoſent le Corps , ſous la
protection de ſon tres-cher & feal Chevalier, Chancelier & Garde des Sceaux de France le ſieur Seguier; & viceprotection de ſon amé & feal Conſeiller ordinaire en ſes Conſeils , & en ſon Conſeil
Royal, le ſieur Colbert Intendant de ſes Finances :
Et pour donner plus de moyens à ladite Academie
Royale de ſubſiſter , ledit Seigneur par les meſmes
Lettres patentes luy auroit fait don de la ſomme de
quatre mille livres par chacun an, pour eſtre leſdits deniers employez au payement des penſions
des Profeſſeurs, qui vacqueroient à enſeigner leſdits Arts de Peinture & Sculpture, diſtributions des
Prix, payement des Modeles, & autres frais qu'il
conviendroit faire pour l'augmentation & entretenement de ladite Academie; de laquelle ſomme
de quatre mille livres employ ſeroit fait annuellement dans l'eſtat des Baſtimens dudit Seigneur
Roy; & en conſequence ledit Seigneur auroit fait
tres-expreſſes inhibitions & défenſes à toutes perſonnes , de quelque qualité & condition qu'elles

foient, d'établir des exercices publics dudit Art
de Peinture & Sculpture, de troubler ny inquieter
ceux de ladite Academie Royale dans leur établiffement, & de contrevenir aufdits Statuts, fur peine
de deux mille livres d'amende; mefme de prendre
la qualité de Peintres & Sculpteurs dudit Seigneur
Roy, fous pretexte de Brevets & autres Titres, lefquels ledit Seigneur auroit revoquez par lefdites
Lettres, conformément à l'Arreft de fon Confeil
du 8. Fevrier 1663. que ledit Seigneur vouloit eftre
executées, fors & excepté à ceux qui feroient du
Corps de ladite Academie. Et dautant que ceux
qui compofent icelle avoient des Efleves, lefquels
aprés eftre demeurez plufieurs années aup:
d'eux, ne pouvant parvenir d'eftre admis à ladi-
Academie, il ne feroit pas jufte qu'ils euffent perdu
leur temps, ledit Seigneur vouloit que le temps
qu'ils auroient demeuré chez lefdits Academiciens
leur fuft compté, pour parvenir à la Maiftrife dans
toutes les villes de ce Royaume; & que le certificat
de celuy chez qui ils auroient demeuré, approuvé
par le Chancelier de ladite Academie, & contrefi-
gné par le Secretaire d'icelle leur tienne lieu d'obligé. Lefdites Lettres à la Cour adreffantes, Requefte prefentée à ladite Cour par ladite Academie Royale des Peintres & Sculpteurs, afin d'enregiftrement defdits nouveaux Statuts & Lettres
patentes. Ladite Requefte de ladite Academie
Royale dudit jour neuf Ianvier dernier, à ce qu'il
fuft ordonné, que fans s'arrefter à l'oppofition for-
mée

mée par les Maiftres Peintres & Sculpteurs de Paris à l'enregiftrement defdites Lettres patentes, de
laquelle ils feroient debouttez avec defpens, il feroit paffé outre audit enregiftrement. Arreft inter-
venu à l'Audience le 12. dudit mois de Ianvier, par lequel fur ladite oppofition, les parties auroient efté
appointées à bailler moyens d'oppofition, écrire &
produire pardevers M. François Hierofme Tam-
bonneau Confeiller en ladite Cour, & joint aufdites
Lettres patentes pour leur eftre fait droit. Moyens
d'oppofition. Réponfes. Productions defdites parties. Contredits par elles refpectivement fournis fuivant l'Arreft du 7. jour de Mars dernier. Conclufions
du Procureur general du Roy; & tout confideré.
LADITE COVR fans s'arrefter à l'oppofition defdits Maiftres Peintres & Sculpteurs de cette ville
de Paris, a ordonné & ordonne, Que lefdites Lettres feront regiftrées au Greffe, pour eftre executées & joüir par les impetrans de l'effet & contenu en icelles felon leur forme & teneur; & que
les deux Huiffiers qui feront choifis pour le fervice de l'Academie, en cas qu'ils profeffent les
Arts de Peinture & Sculpture, & qu'ils en foient
trouvez capables, auront le privilege d'y travailler
publiquement fous l'autorité de ladite Academie, pendant le temps de leur fervice feulement.
Et à l'égard des Eleves de ceux qui compofent ladite Academie, que le temps de trois ans qu'ils
auront demeuré chez les Academiciens, fera re-
puté fuffifant pour temps d'apprentiffage, pour

F

parvenir à la Maiftrife defdits Arts en toutes les
villes du Royaume, en rapportant par eux certificat de celuy defdits Academiciens, chez lefquels
ils auront demeuré, renouvellé & vifé par chacun
an par le Chancelier de ladite Academie, & con-
trefigné par le Secretaire d'icelle, qui leur tien-
dra lieu d'obligé; fans que lefdits Academiciens
puiffent avoir chacun plus d'vn Eleve à la fois; &
à la charge qu'ils feront tenus d'inftruire gratui-
tement aux Arts de Peinture & Sculpture les enfans des Maiftres de Paris. Fait en Parlement le 14.
May 1664. Signé, DV TILLET.

*Collationné à l'Original, par moy Confeiller
Secretaire du Roy, Maifon Couronne de
France & de fes Finances.*

LETTRES PATENTES DV ROY

*Charles VI. en faveur des Peintres & Sculpteurs,
du 3. jour de Ianvier l'an 1430. pour l'exemption de toute taille, fubfides, empruns, commiffions, fubventions,
gaye, arriere-gaye, garde de porte, & autres charges & fervitude quelconque; approuvées & confir-
mées, mis en joüiffance par divers actes en faveur
de diverfes perfonnes de ladite profeffion.*

A Tous ceux qui ces prefentes Lettres verront, Louïs Richard Efcuyer, Garde du Seel
des Obligations de la Vicomté de Caën, Salut.

Etablissement de l'Academie Royale,
de peinture et de Sculpture. par
Lettres Patentes du Roy verifiées en
Parlement. du 20. Janvier 1648.

Sçavoir faifons, que aujourd'huy huit jour de May
l'an 1549. par Payen Filleul, & Geoffroy Hamel
Tabellions Royaulx, Iurez Commis en ladite Vicomté de Caën, Maiftres des Sergenteries de Villers, & en cecy nous a efté tefmoigné & relaté
avoir veu, tenu & leu mot apres autre certaines
Lettres en forme de Vidimus, efcriptes en parchemin, faines & entieres, & en feing, feau, & efcripture, defquelles la teneur enfuit. A tous ceulx
qui ces Lettres verront, Louïs Richard Efcuyer,
Garde du Seel des Obligations de la Vicomté de
Caën, Salut. Sçavoir faifons, que aujourd'huy 6.
jour de Ianvier l'an 1545. par Payen Filleul, Notaire du Roy noftre Sire, des Sergenteries de Villers,
& Ch. Remy, & Nicolas Piccot Tabellions pour
ledit Seigneur audit fiege ; Nous a efté tefmoigné & relaté avoir veu., tenu & leu mot apres
autre certaines Lettres en forme de vidimus efcriptes en parchemin, faines & entieres, en fceaux
& efcriptures, defquelles la teneur enfuit. A tous
ceux qui ces prefentes Lettres verront, Louïs Richard Efcuyer, Garde du Seel des Obligations
de ladite Vicomté de Caën, Salut. Sçavoir faifons,
que aujourd'huy 2. jour de Ianvier l'an 1542. par
Denis de la Haye, & Richard Noël, Adjoints de
Lucas de la Lande, Tabellions Iurez & Commis
pour le Roy noftre Sire en la ville & banlieuë dudit Caën, nous a efté tefmoigné & relaté, avoir
veu, tenu, & leu mot apres autre certaines Lettres en forme de vidimus efcriptes en parchemin,

faines & entières, en feing, fceau, & efcripture,
defquelles la teneur enfuit. A tous ceux qui ces
Lettres verront, Anthoine le Conte Notaire & Tabellion de la Cour Royale duBourg Nouvel,Salut.
Sçavoir faifons, que aujourd'huy 18. jour du mois
de Iuin l'an 1535. que par nous a efté veuë, tenuë,
leuë, & diligemment regardée, mot apres mot vne
Lettre patente avec attache d'icelle efcripte en
parchemin faine & entiere, & dont la teneur
enfuit. CHARLES par la grace de Dieu Roy de
France, à noftre amé & feal Meffire Regnier
de Boullagny, General & Confeiller par nous ordonné fur le fait & gouvernement de toutes nos
Finances, l'autre en Lenguedorbe & Languedoc,
aux Capitaines des Villes & Chafteaux & places de
Bourges que Angers, & aux Efleus, Receveurs, &
aux Collecteurs commis.ou à commettre à l'im-
poft, affoir, cueillir, lever, & recepvoir les Aydes,
Tailles, Subfides, Emprunts, commiffions ou autres, fubjections quelconques mis ou à mettre fur
efdites villes de Cortentin,d'Vfi,Bourges,Orleans,
Angers & ailleurs, & à tous les autres Iufticiers de
noftre Royaulme, ou leurs Lieutenans commis ou
députez, falut & dilection. Humble fupplication
de Henry Mellein, à prefent demeurant à Bourges,
contenant que combien qu'il ayt tousjours conti-
nuellement obey de fondit art en toutes les befon-
gnes qui nous font neceffaires, & encore eft preft de
faire, & qu'à caufe de ce que il eft convenu à impor-
ter plufieurs grandes peines, travaux, pertes, dom-

mage, & auſſy moyen de ſondit Art & à tous autres
de ſa condition, par privileges donnez & octroyez
par nos predeceſſeurs Roys de France, aux Peintres
& Vitriers eſt accouſtumé eſtre francs, quittes &
exempts de toutes tailles, aydes, ſubſides, gardes
de portes, guets, arriere-guets, & autres ſubventions quelconques: Neantmoins il doute que vous
Capitaines, Eleus, Recepveurs, Collecteurs & autres deſdits lieux de Bourges & de ailleurs, où il
feroit ſa demeurance, de voulloir contraindre ſans
avoir regard à ce que dit eſt, à contribuer auſdi-
tes aydes & faire guet, arriere guet, garde porte,
comme l'vn des autres qui ne ſont pas de la condition dudit ſuppliant, qui ſeroit contre ſes droits,
franchiſes & libertez, & à ſon tres grand préjudice
& dommage; Et plus pourra eſtre au temps advenir, ſi ſur ce ne luy eſtoit par vous pourveu de remede convenable; ſi comme il requeroit humblement,
que attendu, comme dit eſt, la bonne volonté &
intention qu'il a de ſoy tousjours loyallement employer en noſtre ſervice audit faict de ſondit Art, &
auſſi que à l'occaſion de ce que deſſus, dont il eſt
grandement endommagé; & pour ce il nous plaiſt
luy pourvoir de noſtre remede; Sur ce pourquoy
nous ces choſes conſiderées: Voullans ledit ſuppliant & tous autres de ſa condition eſtre preſervez
en libertez, & franchiſes; & en faveur des bons &
agreables ſervices qu'il nous a faict & faict de jour
en jour de ſondit Art, & eſperons que encore fa-
ce à l'avenir, iceluy ſuppliant avons eximé & fran-

chy, exempté, eximons, franchiſſons & exemptons entant que meſtier luy en ſeroit de grace ſpeciale, & tous ceux de ſa condition par ces preſentes, de toutes aydes, ſubſides, emprunts, permiſſions, ſubventions, guet, arriere-guet, garde de porte & autres choſes, & ſervice quelconque mis ou à mettre ſur, en quelconque maniere, & pour quelque cauſe que ce ſoit en noſtre Royaulme. Si vous mandons expreſſément, enjoignons à chacun de vous, ſi comme à luy appartiendra, que de noſtre preſente grace & volonté & octroy vous faſſiez, ſouffriez & laiſſiez ledit ſuppliant & tous autres de ſa condition, joüir & vſer pleinement & paiſiblement, ſans peine luy faire, mettre ou donner, ne ſouffrir eſtre mis, fait, mis ou donné ores, ne pour le temps advenir, aucun empeſchement ne deſtourbier en corps ne en biens en quelconque maniere que ce ſoit au contraire : Mais ſi aucun de ſes biens ou choſes eſtoient pour ce pris & arreſtez, ſaiſis & empeſchez, les luy mettre ou faire mettre tantoſt & ſans delay en pleine delivrance, en le faiſant rayer des papiers, Roolles & eſcritures de vos Eſleus, Commiſſaires & Collecteurs deſſuſdits : Et auſſi de vous, Capitaines, Lieutenans & autres Officiers qui auroient les gardes des villes, chaſteaux, fortereſſes où ledit ſuppliant feroit demourance. Car ainſi nous plaiſt eſtre fait, & audit ſuppliant l'avons octroyé & octroyons par ces preſentes de grace ſpeciale; nonobſtant quelconques Ordonnances, commandement ou défenſes à ce contrai-

res. Et pource que ledit fuppliant & tous autres
de fa condition pourroient avoir affaire en plufieurs lieux du double de ces prefentes, Nous voulons qu'au Vidimus d'icelles, fait fous le fcel Royal
ou Athentique, foit foy adjouftée comme au prefent original. DONNE' à Chinon le tiers jour de
Ianvier l'an 1430. Et de noftre Regne le neuf. Ainfi,
Par le Roy, le Marefchal de Saint Ovier, les Sieurs
& de Cerifey, & autres prefens & allans, avec vn
paraphe; enfemble la teneur de ladite attache.
Nous Regnier de Boullagny, general Commiffaire
du Roy noftre Sire fur le fait & gouvernement de
toutes fes Finances és païs de Languedorbe & Languedoc, veües les Lettres du Roy noftre Sire, efquelles ces prefentes font attachées fous noftre
figne, confentons & fommes d'accord entant qu'à
nous eft, que Henry Mellein Peintre & Vitrier
demeurant à Bourges, nommé efdites Lettres
Royaux, & à tous autres de fa condition, foient
francs, quittes & exempts de toutes tailles, aides &
& fubfides, empruns, commiffions, fubventions,
gaye, arriere-gaye, garde de portes, & autres
charges & fervitudes quelconques, mis ou à mettre
fur noftredit Royaume, en quelconque maniere,
ne pour quelconque caufe que ce foit, & pour les
caufes, tout ainfi & par la forme & maniere que
iceluy Sire le veut & le mande par fefdites Lettres,
& au contenu des Privileges anciens à eux donnez fous noftre figne, le 17. jour de Septembre l'an
1431. Ainfi figné, Enquechon: En tefmoin def-

quelles chofes nous avons figné ces prefentes de
noftre feing, & pour plus grande approbation,
feellées de l'vn des Sceaux de ladite Cour Royale de Bourge ledit jour, mois & an, premiers dits,
prefent à ce honnefte homme M. Pierre Boullaye
Secretaire du Roy & Royne de Navarre & Duchez
d'Alençon, & Mathurin Boittart d'Alençon tef-
moins. Ainfi figné, le Comte & Boullay, d'eux
paraphées,& feellées de cire verte fur fimple queüe.
En témoin defquelles chofes, Nous Garde deffus
nommé à la relation defdits Tabellions premiers
nommez, avons mis à ce prefent Vidimus ou tranfcrit feel aux obligations de la Vicomté de Caën,
les an & jour deffufdits. Defquelles Lettres de Vidimus eftoit porteur Mᶜ Simon Meheftre Peintre &
Vitrier, auquel lefdites Lettres ont efté rendües,
& à ce prefent demeurées és mains de Lion de la
Rüe, & de prefent de la Rüe fon fils dudit Art &
eftat de Peintre & Vitrier, figné de la Haye &
Noël, d'eux paraphées : Et au bas eft efcrit, Collation faite, & feellées fur double queüe de cire
verte, en quoy eft imprimé vne armoirie en forme de chafteau ou ville. En tefmoin defquelles
chofes nous Garde deffufdit premier nommé à la
relation dudit Notaire & Tabellion, avons mis à
ce prefent Vidimus ou Tranfcrit le feel aux obligations de ladite Vicomté de Caën, pour & à la requefte de Martin Hubert de l'Art de Peintre & Vitrier, demeurant en la paroiffe de Iurgues, à ce
prefent, pour luy fervir & valoir au fait & liberté
de

de fondit Art qu'il appartiendra, les an & jour premier deffus dit, en la prefence de Mᵐᵉ Pierre Houl-
lebec Preftre de Tracy, & Noël le Roux d'Efpiney
fur Ouldon; & defquelles Lettres de Vidimus
eftoit porteur ledit Martin Hubert, auquel elles
ont efté rendües: ainfi figné, Payen Filleul. En tefmoin defquelles chofes nous Garde deffufdit premier nommé à la relation defdits Tabellions, avons
mis & apofé à ce prefent vidimus & tranfcript le
feel aux obligations de ladite Vicomté de Caën,
pour & à la Requefte de Gilles du Bofc, & Michel
du Bofc frere, de l'art & eftat de Peintre & Vitrier,
demeurant en la Paroiffe de S. George d'Aulnay,
pour leur fervir & valoir au faict & liberté de leur-
dit art, ainfi qu'il appartiendra : defquelles Lettres
de vidimus eftoit porteur Martin Hubert, auquel
elles ont efté renduës prefentement, & à ce prefent
demeure audit du Bofc; le tout faict en prefence
de Maiftre Guillaume Soufflans Preftre, & Iehan
Acquan de Tracy, figné Filleul, & Hamel, chacun
vn Paraphe, & apparoift avoir efté faict, & audef-
fous eft encore, collation faicte fur l'original de la
prefente coppie en parchemin, portée par Charles
Gruchet, & demeurée en fes mains apres ladite collation faicte par nous Nicolas Hellame, Notaire
& Tabellion Royal en la Vicomté de
pour le fiege de Fefcamp, ce jourd'huy premier
jour d'Avril 1617. inftance & requefte de Pierre Eu-
dier Peintre demeurant à Fefcamp, pour la prefente coppie luy valoir & fervir en temps & lieu que

G

de raiſon. En approbation, & verité deſquelles
choſes ledit Gruhcet a ſigné avec nous ces preſentes l'an & jour deſſuſdits. Fait comme deſſus, ainſi
ſigné Charles Gruchet & N. Hellame, avec paraphe.

Collationné ſur ladite Coppie en papier; ce fait, rendue
par les Notaires Gardenotes du Roy noſtre Sire en ſon
Chaſtelet de Paris, ſouſſignez ce 21. jour de Fevrier 1638.

Le Gay.   Muzat.

A Tous ceux qui ces preſentes Lettres verront,
Pierre Fournaiſe Eſleu pour le Roy noſtre
Sire, par luy ordonné ſur le fait de ſes aydes & tailles en la ville & Eſlection de Dreux, Salut. Sçavoir
faiſons que entre Mre Thomas de Montbrun, premier Scindic des manans & habitans de la ville &
paroiſſe d'Annet, chargé & ayant prins la cauſe pour
Allain Brochand & Iacques Duraye, Collecteurs
en l'année preſente 1570. des tailles de ladite paroiſſe d'Annet demandeurs & executant d'vne part:
Et Mre Laurens Lucas & Robert Heruſſe, Maiſtres
és Arts & ſcience de Sculpture & Peinture, deffendeurs, executez & oppoſans, d'autre part. Veu le
procés d'entre leſdites parties, l'expedition de commandement, & execution faite des biens deſdits
deffendeurs, oppoſans à la Requeſte deſdits Collecteurs par André de Haumont, Sergent commis

audit Annet, le 14. jour de Fevrier dernier 1570.
l'acte & appointement de contestation donné de
Nous entre icelles parties le 6. jour de Mars audit an,
parlequel nous avions icelles parties appointées en
droict à escrire, & fournir & produire dedans les
delais y mentionnez; & par forclusion les escritures
& advertissement desdits défendeurs opposans, l'en-
queste par nous faite d'vn adjournement sur les faits
probatifs mis & desduits audit procés par iceux
deffendeurs, certain extrait en parchemin signé,
Droüart, de quelques Articles & certaines Ordonnances faites & inserées au Greffe de la Prevosté de Paris, dés le douziesme jour d'Aoust 1391.
contenant entre autre chose immunité & exemption de toutes tailles, subsides, impositions donnez & octroyez aux personnes de l'estat & science
de Peinture & Sculpture. Autre Lettre en parchemin contenant vn transcrit & Vidimus fait par
Iehan Fermetheau & Iehan Mercade, Tabellions
Iurez en la Prevosté de Baïeux, le huict jour d'A-
vril audit an 1571. Autre transcrit & Vidimus fait pardevant le Tabellion & Notaire Royal de la Cour
Royale du Bourg-Nouvel, le vingt-huict de Iuin
1537. Autres Lettres patentes de feu bonne memoire le Roy Charles VI. de ce nom, Roy de
France, données à Chinon le troisiesme jour de
Ianvier 1430. contenant immunité & exemption,
données & octroyées par ledit feu Roy à Mre
Henry Mellein Peintre lors demeurant à Bourges, & à tous autres Peintres, Vitriers, Imagers,

Sculpteurs , de toutes tailles , aydes, fubfides,
empruns , commiffions, fubventions, guets, arriere-guets, garde de portes, & autres charges:
Que auffi de l'attache du General de toutes les Finances du Roy és païs de Languedorbe & Languedoc, portant confentement que lefdites Lettres
fortiffent effet. Vn autre Vidimus ou tranfcrit fait
pardevant Mᵉ Michel le Bretton & Philippes Freu-
chart , Tabellions en la Prevofté de Vernon , le 15.
jour de Mars 1555. Et certaines Lettres patentes du
feu Roy Henry , données à Saint Germain en Laye
le 6. jour de Iuillet l'an de grace 1555. portant confirmation des privileges, exemptions & immunitez
déclarées efdites Lettres patentes dudit feu Roy
Charles VI. aux perfonnes de Mᵉ Renay & Remy
le Lagoubaulde pere & fils, Imagers & Sculpteurs,
& autres de femblable & pareil Art, eftat & vaca-
tion. Autre Vidimus en parchemin fait par Iehan
Ionan & Pierre Reoult., Tabellions Royaux en la
Vicomté d'Orbec , le 8. jour de Mars 1570. fur l'o-
riginal. Autres Lettres patentes obtenües du Roy
noftre fouverain Seigneur Charles IX. à prefent
regnant , & données à Melun au mois de Septembre 1563. portant confirmation faite des deffufdits
privileges, immunitez & exemptions, à tous Maiftres Sculpteurs, Imagers, Peintres & Vitriers, à la
fupplication de Mᵉ Iehan & Iehan Beufelin freres,
dudit Art de Sculpture, Imagers, Peinture & Vitriers. Autre Vidimus & tranfcrits faits par ledit
Ionan & Reoult Tabellions audit Orbec , le 18.

jour de Mars audit an. Vn Vidimus de deux Lettres de Sentence : La premiere donnée à la Cour
des Esleus de Roüen le Mardy deuxiesme jour de
Iuin 1544. Et la seconde en l'Eslection de Caën, le
neufiesme jour de Fevrier 1544. Pareillement deux
autres Lettres de Sentence données en l'Eslection
d'Evreux : La premiere le seiziesme jour de Decembre 1564. Et la seconde le septiesme jour de Decembre 1566. Par lesquelles pieces appert les Sculpteurs, Peintres, Imagers & Vitriers y desnom-
mez, avoir joüy des privileges, immunitez, exemptions & franchises par ledit Roy Charles VI. aux
personnes dudit Art & science, suivant iceux
avoir esté déclarez exempts & immuns de toutes
tailles, subsides & impositions. Veu aussi autres
deux Lettres en parchemin ; l'vne signée, Varim,
dattée du 10. jour d'Avril 1567. & l'autre signée,
Herbin & Feroult, dattée du 19. jour de Mars dernier ; par lesquelles appert de la reception aux Maistres desdits estats de Peinture & Sculpture desdits
deffendeurs opposans, & tout ce que par iceux a
esté mis & produit pardevers nous ; Et que de la
part desdits Collecteurs n'a esté fait, escrit ny produit aucune chose audit procés : ainsi qu'il nous
est apparu par le certificat du Greffier de cette Eslection en datte du huict jour de Septembre l'an pre-
sent cinq cens soixante & dix, mis & produit audit
procés par iceux opposans. LE TOVT VEV ET
CONSIDERE', & eu sur ce conseil, Nous pour
ces causes, à plein portez, contenus & verifiez

par ledit procés, diſons qu'à bonne & juſte cauſe
leſdits deffendeurs oppoſans ſe ſont oppoſez à l'e-
xecution faite en leurs biens, à la requeſte deſdits
Brochand & Duraye Collecteurs ſuſdits; laquelle
en ce faiſant avons déclaré & déclarons nulle, tor-
tionnaire & déraiſonnable; & que les biens prins
par icelle ſeront rendus & reſtituez auſdits deffendeurs oppoſans. A quoy faire ſeront leſdits Collecteurs déja, & tous autres qu'il appartiendra, contraints par toute voye deüe & raiſonnable; & leſquels oppoſans avons déclarez & déclarons ſuivant
les privileges, exemptions & immunitez à eux &
leurs ſemblables, donnez & octroyez par le feu
Roy de France, confirmez par le Roy noſtre Sire
Charles I X. à preſent regnant, immuns, exempts
deſdites tailles, ſubſides & impoſitions ; Diſons
& ordonnons, que à chacun d'eux endroit ſoy,
ſeront déroollez & mis hors des Roolles des tailles d'icelle paroiſſe & leurs cottes & aſſiettes
portées & miſes ſur la Generalité de ladite paroiſſe, ſans que à l'advenir ils puiſſent eſtre aſſis
& cottiſez eſdites tailles, nonobſtant tout ce que
par ledit Chevalier audit nom pourroit avoir eſté
dit & empeſché, dont nous le deboutons, & ſi l'a-
vons condamné & condamnons en l'amende de
la Cour, deſpens de l'inſtance, dommage & intereſt, & procedant à cauſe de ladite execution &
oppoſition envers leſdits deffendeurs oppoſans tels
que de raiſon la taxe d'iceulx pardevers nous reſer-
vée par noſtre Sentence & jugement, en la preſence

dudit Heruſſey comparu, tant pour luy que pour
ledit Lucas, & en l'abſence dudit Procureur ſcindic
le Lundy troiſieſme jour de Septembre 1590 Si te
mandons au premier Sergent Royal de ladite Eſlection ſur ce requis, que à la Requeſte deſdits deffendeurs oppoſans, ces preſentes ſignifier, notifier,
& faire deuement aſſavoir audit Procureur ſcindic,
demandeur luy faiſant lecture du dicton d'icelles
de mot apres autre; ce faict, icelles dites preſentes
mettre à execution deüe ſelon leur forme & teneur, en ce qu'elles requierent & pourront reque-
rir execution: & en ce faiſant qu'il adjourne à jour
certain & competant pardevant nous ou noſtre
commis audit Dreux, ledit demandeur pour voir
decerner taxables, & liquider les dommages & in-
tereſts, eſquels il eſt par leſdites preſentes condamné & intimé, qu'il comparut ou nom que
neantmoins ſon abſence ſera par nous à ce procé-
dé comme de raiſon: de ce faire luy donnons
pouvoir & commiſſion. Donné audit Dreux, en
témoin de ce ſous le ſeel Royal eſtably audit
Dreux, les an & jour deſſuſdits, ſigné Suſarier vn
Merc ou paraphe, & ſeellé de cire verte, & au bas
eſt eſcripte collation de la preſente coppie cy-deſſus tranſcripte, a eſté faicte ſur l'original en parchemin par nous ſouſſignez Gilles Fromont, &
Gilles Eſcorchevel Tabellions Royaulx à Egy: Requeſte & inſtance de Philippes de Baccot Peintre
demeurant à Bouſſy, pour luy ſervir & valloir ce
que de raiſon comme d'original, le 1. jour de Fe-

vrier 1587. ainsi signé Escorchevel & Froomnt: avec paraphe.

Collationné sur vne copie collationnée estant en papier, en fin de laquelle est vne autre copie de Sentence collationnée par ledit Escorchevel dudit jour 11. Feurier 1587. Ce fait reueu par les Notaires soussignez le 8. jour de Mars 1633.

Pacque.   Leomon.